बहादुर शाह ज़ॉफ़र

—लगता नहीं है दिल
मिरा उजड़े दयार में—

ISBN: 978-93-93193-13-1
eISBN: 978-93-93193-17-9

© प्रकाशकाधीन

प्रकाशकः प्रभाकर प्रकाशन
प्लॉट नं.–55, मेन मदर डेयरी रोड
पांडव नगर, ईस्ट दिल्ली–110092
फोनः 011–40395855
व्हाट्स ऐपः +91 8368220032
ई-मेलः sales@pharosbooks.in
वेबसाइटः www.prabhakarprakashan.com

संस्करणः 2022

लगता नहीं है दिल मिरा उजड़े दयार में
बहादुर शाह ज़फ़र

लगता नहीं है दिल मिरा उजड़े दयार में

परिचय

बहादुर शाह ज़फ़र भारत में मुग़ल साम्राज्य के अंतिम बादशाह और उर्दू के जाने-माने शायर थे। उन्होंने 1857 ई. का प्रथम भारतीय स्वतंत्रता संग्राम में सिपाहियों का नेतृत्व किया था। युद्ध में पराजय के बाद अंग्रेज़ों ने उन्हें बर्मा (म्यांमार) भेज दिया जहाँ उनकी मृत्यु हुई। ज़फ़र को गिरफ़्तार करते समय अंग्रेज़ अधिकारी मेजर हडसन (जो उर्दू का थोड़ा ज्ञान रखता था) ने कहा:

"दमदमे में दम नहीं है खैर माँगों जान की..
ऐ ज़फ़र ठंडी हुई अब तेग हिन्दुस्तान की.."

इस पर ज़फ़र ने उत्तर देते हुए कहा:

"ग़ाज़ियों में बू रहेगी जब तलक ईमान की..
तख़्त ऐ लंदन तक चलेगी तेग हिन्दुस्तान की.."

ज़फ़र का जन्म 24 अक्टूबर, 1775 ई. में हुआ था। उनके पिता अकबर शाह द्वितीय और माँ लाल बाई थीं। अपने पिता की मृत्यु के उपरांत ज़फ़र को 28 सितम्बर, 1837 ई. में मुग़ल बादशाह बनाया गया। बहादुर शाह ज़फ़र सिर्फ़ एक देशभक्त मुग़ल बादशाह ही नहीं बल्कि उर्दू के मशहूर कवि भी थे। उन्होंने बहुत-सी मशहूर उर्दू कविताएँ लिखीं। जिनमें से काफ़ी अंग्रेज़ों के ख़िलाफ़ बगावत के समय के समय मची उथल-पुथल के दौरान खो गई या नष्ट हो गई।

देश से बाहर रंगून में भी उनकी उर्दू कविताओं का जलवा जारी रहा। वहाँ उन्हें हर वक़्त हिन्दुस्तान की फ़िक्र रही। उनकी अंतिम

इच्छा थी कि वह अपने जीवन की आख़िरी साँस हिन्दुस्तान में ही लें और वहीं उन्हें दफ़नाया जाए लेकिन ऐसा नहीं हो पाया। रंगून में ही उन्होंने 7 नवंबर, 1862 ई. में एक बंदी के रूप में दम तोड़ा। बादशाह ज़फ़र ने जब रंगून में कारावास के दौरान अपनी आख़िरी साँस ली तो शायद उनके लबों पर अपनी ही मशहूर ग़ज़ल का यह शेर ज़रूर रहा होगा-

“कितना है बदनसीब ज़फ़र दफ़न के लिए,
दो गज जमीन भी न मिली कू-ए-यार में।”

उन्हें रंगून में श्वेडागोन पैगोडा के नज़दीक दफ़नाया गया।

बहादुर शाह ज़फ़र जैसे कम ही शासक होते हैं जो अपने देश को महबूबा की तरह मोहब्बत करते हैं और कू-ए-यार (प्यार की गली) में जगह न मिल पाने की कसक के साथ परदेश में दम तोड़ देते हैं। यही बुनियादी फ़र्क़ था मूलभूत हिंदुस्तानी विचारधारा के साथ जो अपने देश को अपनी माँ मानते हैं।

भारत के प्रथम स्वतंत्रता संग्राम में महत्त्वपूर्ण भूमिका निभाने वाले अंतिम मुग़ल बादशाह बहादुर शाह ज़फ़र उर्दू के एक बड़े शायर के रूप में भी प्रख्यात हैं। बादशाह बनने के बाद उन्होंने जो चंद आदेश दिए, उनमें से एक था- गौहत्या पर रोक लगाना। इससे पता चलता है कि वे हिन्दू-मुस्लिम एकता के कितने बड़े पक्षधर थे।

देशप्रेम के साथ-साथ ज़फ़र के व्यक्तित्व का एक अन्य पहलू शायरी भी थी। उन्होंने न केवल ग़ालिब, दाग़, मोमिन और ज़ौक़ जैसे उर्दू के बड़े शायरों को पूरी तरह से प्रोत्साहन दिया, बल्कि वह स्वयं एक अच्छे शायर थे। साहित्यिक समीक्षकों के अनुसार ज़फ़र के समय में जहाँ मुग़लकालीन सत्ता चरमरा रही थी वहीं उर्दू साहित्य ख़ासकर उर्दू शायरी अपनी बुलंदियों पर थी। ज़फ़र की मौत के बाद उनकी शायरी “कुल्लियात-ए-ज़फ़र” के नाम से संकलित की गयी।

तुम ने किया न याद कभी भूल कर हमें
हम ने तुम्हारी याद में सब कुछ भुला दिया

कोई क्यूँ किसी का लुभाए दिल कोई क्या किसी से लगाए दिल
वो जो बेचते थे दवा-ए-दिल वो दुकान अपनी बढ़ा गए

कह दो इन हसरतों से कहीं और जा बसें
इतनी जगह कहाँ है दिल-ए-दाग़-दार में

कितना है बद-नसीब 'ज़फ़र' दफ़्न के लिए
दो गज़ ज़मीन भी न मिली कू-ए-यार में

बात करनी मुझे मुश्किल कभी ऐसी तो न थी
जैसी अब है तिरी महफ़िल कभी ऐसी तो न थी

हम अपना इश्क़ चमकाएँ तुम अपना हुस्न चमकाओ
कि हैराँ देख कर आलम हमें भी हो तुम्हें भी हो

न थी हाल की जब हमें अपने ख़बर
रहे देखते औरों के ऐब ओ हुनर
पड़ी अपनी बुराइयों पर जो नज़र
तो निगाह में कोई बुरा न रहा

न दूँगा दिल उसे मैं ये हमेशा कहता था
वो आज ले ही गया और 'ज़फ़र' से कुछ न हुआ

दौलत-ए-दुनिया नहीं जाने की हरगिज़ तेरे साथ
बाद तेरे सब यहीं ऐ बे-ख़बर बट जाएगी

'ज़फ़र' आदमी उस को न जानिएगा
वो हो कैसा ही साहब-ए-फ़हम-ओ-ज़का
जिसे ऐश में याद-ए-ख़ुदा न रही
जिसे तैश में ख़ौफ़-ए-ख़ुदा न रहा

बे-ख़ुदी में ले लिया बोसा ख़ता कीजे मुआफ़
ये दिल-ए-बेताब की सारी ख़ता थी मैं न था

हाल-ए-दिल क्यूँ कर करें अपना बयाँ अच्छी तरह
रू-ब-रू उन के नहीं चलती ज़बाँ अच्छी तरह

लगता नहीं है दिल मिरा उजड़े दयार में
किस की बनी है आलम-ए-ना-पाएदार में

बुलबुल को बाग़बाँ से न सय्याद से गिला
क़िस्मत में क़ैद लिक्खी थी फ़स्ल-ए-बहार में

खुदा के वास्ते ज़ाहिद उठा पर्दा न काबे का
कहीं ऐसा न हो याँ भी वही काफ़िर-सनम निकले

हम ही उन को बाम पे लाए और हमीं महरूम रहे
पर्दा हमारे नाम से उठा आँख लड़ाई लोगों ने

ऐ वाए इंक़लाब ज़माने के जौर से
दिल्ली 'ज़फ़र' के हाथ से पल में निकल गई

तू कहीं हो दिल-ए-दीवाना वहाँ पहुँचेगा
शम्अ होगी जहाँ परवाना वहाँ पहुँचेगा

इतना न अपने जामे से बाहर निकल के चल
दुनिया है चल-चलाव का रस्ता सँभल के चल

न दरवेशों का ख़िर्क़ा चाहिए न ताज-ए-शाहाना
मुझे तो होश दे इतना रहूँ मैं तुझ पे दीवाना

बुराई या भलाई गो है अपने वास्ते लेकिन
किसी को क्यूँ कहें हम बद कि बद-गोई से क्या हासिल

ये क़िस्सा वो नहीं तुम जिस को क़िस्सा-ख़्वाँ से सुनो
मिरे फ़साना-ए-ग़म को मिरी ज़बाँ से सुनो

औरों के बल पे बल न कर इतना न चल निकल
बल है तो बल के बल पे तू कुछ अपने बल के चल

चाहिए उस का तसव्वुर ही से नक़्शा खींचना
देख कर तस्वीर को तस्वीर फिर खींची तो क्या

ये चमन यूँही रहेगा और हज़ारों बुलबुलें
अपनी अपनी बोलियाँ सब बोल कर उड़ जाएँगी

मर्ग ही सेहत है उस की मर्ग ही उस का इलाज
इश्क़ का बीमार क्या जाने दवा क्या चीज़ है

लोगों का एहसान है मुझ पर और तिरा मैं शुक्र-गुज़ार
तीर-ए-नज़र से तुम ने मारा लाश उठाई लोगों ने

मेरे सुर्ख़ लहू से चमकी कितने हाथों में मेहंदी
शहर में जिस दिन क़त्ल हुआ मैं ईद मनाई लोगों ने

मेहनत से है अज़्मत कि ज़माने में नगीं को
बे-काविश-ए-सीना न कभी नामवरी दी

न मुझ को कहने की ताक़त कहूँ तो क्या अहवाल
न उस को सुनने की फ़ुरसत कहूँ तो किस से कहूँ

क्या पूछता है हम से तू ऐ शोख़ सितमगर
जो तू ने किए हम पे सितम कह नहीं सकते

तमन्ना है ये दिल में जब तलक है दम में दम अपने
'ज़फ़र' मुँह से हमारे नाम उस का दम-ब-दम निकले

क्या ताब क्या मजाल हमारी कि बोसा लें
लब को तुम्हारे लब से मिला कर कहे बग़ैर

ले गया छीन के कौन आज तिरा सब्र ओ क़रार
बे-क़रारी तुझे ऐ दिल कभी ऐसी तो न थी

हो गया जिस दिन से अपने दिल पर उस को इख़्तियार
इख़्तियार अपना गया बे-इख़्तियारी रह गई

ग़ज़ब है कि दिल में तो रक्खो कुदूरत
करो मुँह पे हम से सफ़ाई की बातें

मैं सिसकता रह गया और मर गए फ़रहाद-ओ-क़ैस
क्या उन्ही दोनों के हिस्से में क़ज़ा थी मैं न था

देख दिल को मिरे ओ काफ़िर-ए-बे-पीर न तोड़
घर है अल्लाह का ये इस की तो तामीर न तोड़

सब मिटा दें दिल से हैं जितनी कि उस में ख़्वाहिशें
गर हमें मालूम हो कुछ उस की ख़्वाहिश और है

जो तू हो साफ़ तो कुछ मैं भी साफ़ तुझ से कहूँ
तिरे है दिल में कुदूरत कहूँ तो किस से कहूँ

भरी है दिल में जो हसरत कहूँ तो किस से कहूँ
सुने है कौन मुसीबत कहूँ तो किस से कहूँ

दिल को दिल से राह है तो जिस तरह से हम तुझे
याद करते हैं करे यूँ ही हमें भी याद तू

यार था गुलज़ार था बाद-ए-सबा थी मैं न था
लाएक़-ए-पाबोस-ए-जानाँ क्या हिना थी मैं न था

बनाया ऐ 'ज़फ़र' ख़ालिक़ ने कब इंसान से बेहतर
मलक को देव को जिन को परी को हूर ओ ग़िल्माँ को

लड़ा कर आँख उस से हम ने दुश्मन कर लिया अपना
निगह को नाज़ को अंदाज़ को अबरू को मिज़्गाँ को

मोहब्बत चाहिए बाहम हमें भी हो तुम्हें भी हो
ख़ुशी हो इस में या हो ग़म हमें भी हो तुम्हें भी हो

फ़रहाद ओ क़ैस ओ वामिक़ ओ अज़रा थे चार दोस्त
अब हम भी आ मिले तो हुए मिल के चार पाँच

हम ये तो नहीं कहते कि ग़म कह नहीं सकते
पर जो सबब-ए-ग़म है वो हम कह नहीं सकते

हमदमो दिल के लगाने में कहो लगता है क्या
पर छुड़ाना इस का मुश्किल है लगाना सहल है

ख़्वाब मेरा है ऐन बेदारी
मैं तो उस में भी देखता कुछ हूँ

'ज़फ़र' बदल के रदीफ़ और तू ग़ज़ल वो सुना
कि जिस का तुझ से हर इक शेर इंतिख़ाब हुआ

❖ ❖ ❖

जा कहियो मेरा नसीम-ए-सहर
मिरा चैन गया मिरी नींद गई

रोज़ मामूरा-ए-दुनिया में ख़राबी है 'ज़फ़र'
ऐसी बस्ती को तो वीराना बनाया होता

अब की जो राह-ए-मोहब्बत में उठाई तकलीफ़
सख़्त होती हमें मंज़िल कभी ऐसी तो न थी

याँ तक अदू का पास है उन को कि बज़्म में
वो बैठते भी हैं तो मिरे हम-नशीं से दूर

बुत-परस्ती जिस से होवे हक़-परस्ती ऐ 'ज़फ़र'
क्या कहूँ तुझ से कि वो तर्ज़-ए-परस्तिश और है

पा-ए-कूबाँ कोई जिंदाँ में नया है मजनूँ
आती आवाज़-ए-सलासिल कभी ऐसी तो न थी

न कोहकन है न मजनूँ कि थे मिरे हमदर्द
मैं अपना दर्द-ए-मोहब्बत कहूँ तो किस से कहूँ

इधर ख़्याल मिरे दिल में ज़ुल्फ़ का गुज़रा
उधर वो खाता हुआ दिल में पेच-ओ-ताब आया

गई यक-ब-यक जो हवा पलट नहीं दिल को मेरे क़रार है
करूँ उस सितम को मैं क्या बयाँ मिरा ग़म से सीना फ़िगार है

सहम कर ऐ 'ज़फ़र' उस शोख़ कमाँ–दार से कह
खींच कर देख मिरे सीने से तू तीर न तोड़

हाथ क्यूँ बाँधे मिरे छल्ला अगर चोरी हुआ
ये सरापा शोख़ी-ए-रंग-ए-हिना थी मैं न था

हमसे तू किस वास्ते ख़मरू है ऐ अबरू-ए-यार
अपनी गरदन ख़म तहे-शमशीर हमने की तो है

इश्क़ में ज़ालिम तेरे, क्या ख़ाक हम अच्छे रहे
बरसों ईज़ा में रहे, गर एक दम अच्छे रहे

तन्हाई में इतना तो न घबराता ज़फ़र मैं
दिल गरचे मेरे पास न होता कोई होता

ऐ 'ज़फ़र' बसते हैं दिल में रंजो-ग़म दर्दो-अलम
अन तो कुछ इस ख़ान-ए-वीरां में बस्ती और है